AF340110

ASSOCIATION

DES

ANCIENS ÉLÈVES ET PROFESSEURS

du Collége & du Lycée d'Alençon

INAUGURATION

DU

BUSTE DE M. DAULNE

Le dimanche vingt-neuf octobre mil huit cent soixante-seize, à deux heures, a eu lieu dans la salle de la Bibliothèque du Lycée la cérémonie d'installation du buste de M. DAULNE.

La séance est présidée par M. Leprêtre, président du Comité de l'Association des anciens Élèves et Professeurs du Collége et du Lycée d'Alençon. A ses côtés prennent place d'abord M. l'Inspecteur de l'Académie à sa droite, M. le Proviseur du Lycée à sa gauche, puis MM. les Membres du Comité de l'Association, sauf M. Rabot qui s'est excusé à cause d'un deuil douloureux et tout récent.

Les Élèves de la classe de rhétorique, qu'a si long-temps professée M. Daulne, assistent à la cérémonie.

Bientôt la salle se trouve remplie d'une assistance nombreuse et sympathique.

M. Leprêtre, président, déclare la séance ouverte et donne la parole à M. de La Sicotière, qui, ancien élève et ami de M. Daulne, a bien voulu se charger de présenter à l'Administration du Lycée le buste de l'éminent et vénéré professeur, au nom de l'Association des anciens Elèves.

Répondant à l'invitation de M. le Président, M. de La Sicotière s'exprime à peu près en ces termes (1) :

« J'ai beaucoup connu et beaucoup aimé M. Daulne ; pour vous le faire connaître et aimer à votre tour, il faudrait vous tracer de son caractère, de ses sentiments et de ses services, une esquisse aussi fidèle que l'est ce buste, œuvre remarquable d'une main aussi habile que reconnaissante. La tâche est difficile. J'essaierai cependant, mais sans sortir, si vous me le permettez, du cadre d'une causerie familière et improvisée. Le temps m'aurait manqué pour un éloge académique, alors même que les fleurs de la rhétorique que m'avait enseignée M. Daulne ne seraient pas depuis longtemps séchées dans mon jardin. La forme la plus modeste et la plus simple s'adaptera le mieux à la modestie, à la simplicité de cet homme excellent.

« Mesdames, Monsieur l'Inspecteur, Messieurs les Professeurs, mes jeunes Amis,

« Il y a 62 ans peut-être aujourd'hui, que dans cette maison, alors simple Collége communal et des plus modestes, assurément, entrait un jeune professeur de 22 ans. Personne ne le connaissait, peut-être ne se connaissait-il pas lui-même. Il ne prévoyait assurément, ni l'importance du rôle qu'il allait jouer dans cet établissement, ni les liens qui devaient l'enchaîner définitivement dans notre ville, ni surtout l'honneur qu'y reçoit aujourd'hui sa mémoire.

(1) *Nota.* Le discours de M. de La Sicotière ayant été presqu'entièrement improvisé, il n'a pu en rétablir avec ses souvenirs et ses notes que certains passages.

« Fils d'un paysan de Champland, près Paris, M. Daulne était passé des mains d'un bon curé de campagne, qui lui avait enseigné à lire, à écrire, et même ce qu'il savait de latin, dans une pension de Paris, où il était à la fois élève et maître d'études, et de cette pension à l'Ecole Normale qui venait d'être fondée et où se trouvaient confondus dans la même promotion des lauréats du Concours général déjà célèbres, comme M. Cousin, et des élèves qui n'étaient pas même bacheliers. M. Daulne était de ceux-là. Il fut bientôt bachelier ; un an après il était reçu licencié avec de grands éloges (13 juin 1812). C'était alors le grade universitaire le plus élevé. L'agrégation n'existait pas encore. Successivement maître d'études à Lyon, aux appointements de six cents francs par an, et professeur de cinquième au petit collége de Saint-Chamond, il venait occuper la même chaire dans celui d'Alençon. Il y professa dans la même année la cinquième, la troisième et la seconde. L'année suivante il remplaça, dans la chaire de rhétorique, M. Larauza, une des plus pures et des plus brillantes espérances de la jeune université.

« Cette chaire, M. Daulne devait l'occuper pendant 32 ans....

« Le renom du savoir et du talent du jeune professeur ne tarda pas à s'étendre. Il devint à son insu la principale ou la seule colonne d'un collége bien chancelant. Mais en 1819, M. Fremy, dont le nom ne saurait être prononcé ici qu'avec respect, fut nommé principal. Il fut admirablement secondé par ses enfants. Le nombre des élèves s'accrut rapidement, et M. Daulne put enfin voir autour de sa chaire un auditoire digne de lui......

« Plusieurs de ceux qui m'écoutent l'ont vu dans sa chaire. Il professait avec délice ; il sentait avec chaleur ; il critiquait avec goût ; il commentait avec une abondance, un luxe de citations, de souvenirs, de rapprochements, plein de suc et d'intérêt. Il avait la vue basse. Il était très-distrait. Je n'oserais dire que nous n'en abusions pas souvent. *Notre âge était sans pitié*, comme dit le Fabuliste. Nous le taquinions et nous l'aimions. Comment ne pas l'aimer ? Il nous aimait tant lui-même !

Là était le secret, bien davantage encore que dans la supériorité de son esprit et de ses lumières, de l'ascendant qu'il exerçait sur nous et qu'il conservait encore après que nous avions quitté les bancs. Son affection nous suivait, elle aussi, dans la vie. Je me rappelle qu'à la dernière heure de la dernière classe de l'année scolaire, il avait accoutumé de tirer, passez-moi le mot, l'horoscope de ceux d'entre nous qui le lui demandaient, et nous écoutions avec un respect, mêlé pour quelques-uns d'une certaine anxiété, sortir de cette bouche vénérée, avec de sages conseils, la prophétie de notre avenir. Père Daulne, disions-nous; Père Daulne, répétaient nos parents; Père Daulne, disaient aussi, je le crois et le rappelle tout bas, ses collègues. Ce mot si familier, en s'appliquant à lui, semblait prendre un sens tout particulier. Pour nous il était en effet plus et mieux qu'un maître; pour nos familles, un ami qui partageait tous leurs sentiments; pour ses collègues, un frère aîné, qui les aidait en toutes circonstances de ses conseils, de sa collaboration, de son affection......»

Ici l'orateur, en demandant pardon de se citer lui-même, lit les lignes suivantes, imprimées, il y a plus de trente ans, et qui prouvent du moins que les sentiments qu'il exprime aujourd'hui ne sont pas d'hier :

« L'étendue et la variété de ses connaissances, la solidité de son enseignement, la distinction de son esprit appelaient M. Daulne à d'éminentes fonctions dans l'Université. L'avénement au pouvoir, depuis 1830, de ses anciens condisciples, semblait l'inviter à solliciter un avancement qu'il eût certainement obtenu. Il n'en a rien fait. Il n'a pas davantage tenté la célébrité facile de l'impression. Une extrême modestie, un degoût invincible pour tout ce qui ressemble à l'intrigue, un dévouement sans bornes à ses modestes fonctions, l'ont empêché de rien demander, de rien accepter, de rien publier. Modeste et fier, simple et bon, imagination de vingt ans, dont les réalités de la science et de la vie n'ont pu refroidir l'ardeur ni altérer l'exquise délicatesse, ne demandant qu'aux affections de famille et à quelques amitiés choisies, aux souvenirs du passé et aux rêves de l'avenir, une distraction aux ennuis du présent, il a voué sa vie tout entière au Collége d'Alençon. Il lui est resté fidèle; son orgueil dans la prospérité, sa consolation dans la décadence, son honneur et son bonheur toujours, M. Daulne laissera un noble exemple à ses collègues et à ses élèves; celui de l'homme vraiment supérieur qui se résigne sans amertume et sans effort apparent aux fonctions les plus modestes; celui de l'homme à idées réformatrices et progressives qui ne dédaigne pas de préparer l'avenir dans le présent et de descendre des hauteurs de la théorie pour prendre sa part du labeur commun; celui de l'homme de bien qui ne connaît d'autre gloire que les services rendus, d'autre ambition que sa conscience. Le cœur seul produit ces miracles. C'est lui qui transforme en place d'honneur la place la moins honorée; c'est par lui qu'un homme supérieur à ses fonctions au lieu de se rapetisser jusqu'à elles, sait les agrandir en les élevant jusqu'à lui.

« M. Daulne dut cependant en 1846 quitter cette chaire et ce collége qu'il aimait tant.

« Le collége avait été érigé en lycée. M. Daulne n'était plus d'âge à conquérir les grades universitaires qui lui manquaient; il n'était pas dans son caractère de solliciter des dispenses ou des faveurs......

« Que va-t-il devenir? se demanda-t-on alors. Que lui restait-il? peut-on encore se demander aujourd'hui.

« Il lui restait lui-même; il lui restait l'étude, le savoir qu'il possédait déjà et celui qu'il ne cessa d'acquérir jusqu'à la fin.

« Ce savoir était prodigieux. Il avait tout lu, tout retenu, histoire, philosophie, littérature, philologie, politique, il avait tout absorbé. C'était une bibliothèque ambulante — et je ne parle pas ici des livres dont ses poches étaient toujours gonflées, — je parle des connaissances de toute nature entassées sur les rayons de son cerveau......

« Indépendamment du latin qu'il possédait admirablement, du grec qu'il possédait mieux encore, il savait à peu près toutes les langues vivantes de l'Europe, l'Anglais, l'Allemand, l'Italien,

l'Espagnol, le Portugais, sans les parler il est vrai, les ayant
apprises seul et sans maîtres. »

M. de la Sicotière rappelle le concours qu'il avait prêté à ses
anciens maîtres et condisciples, Villemain et Cousin, pour la
traduction de passages difficiles de Pindare et de Platon et
celles qu'il avait faites seul; il avait traduit notamment du latin,
les *controverses* de Sénèque l'ancien; de l'allemand, le beau
drame de *Geneviève*, par Tieck; de l'anglais, les mémoires
de mistress Elliot, sur la *Révolution Française*; de l'italien,
une partie des *Lettres de Mazarin*.

Il rappelle aussi un *Éloge de Pascal*, présenté pour un con-
concours de l'Académie Française, et les travaux étymologiques
qui remplirent et passionnèrent les dernières années de
M. Daulne.

« Contrairement à l'opinion des savants anglais et allemands
qui dérivent nos langues modernes des dialectes du centre de
l'Asie, M. Daulne les rattachait à l'hébreu ou aux autres langues de l'Orient.

« Il a publié dans la *Tribune des Linguistes*, de Casimir
Henricy, en 1858-1859, la préface de son grand dictionnaire
étymologique, travail plein de recherches savantes, d'aperçus
et de rapprochements ingénieux............

« Voici quelques lignes, extraites de cette préface, qui suf-
fisent pour montrer quelle était la sincérité de ses convictions
et son désintéressement. C'est lui-même que vous allez avoir
le bonheur d'entendre :

« Nous serons heureux, et nos dix années d'investigations
sans relâche, d'élucubrations incessantes seront assez payées, si
nos idées tombent et prennent racine dans une âme neuve,
indépendante, libre de tout système exclusif, qui poussera plus
loin que nous ses recherches et ses découvertes, qui mettra en
pleine lumière ce que nous n'avons fait qu'indiquer, qui finira
par découvrir le sens attaché à chaque son, à chaque articu-
lation, à chaque signe orthographique par les organisateurs et
les législateurs successifs de la parole et de l'écriture. »

« M. Daulne eut d'ailleurs d'autres consolations, d'autres intérêts, d'autres jouissances que l'étude. »

M. de la Sicotière le montre dans son intérieur; allié de bonne heure à l'une des familles les plus honorables du pays d'Alençon; trouvant dans cette union, avec la tendresse la plus touchante, tous les soins matériels dont il avait besoin plus que personne; heureux dans un gendre digne de lui, normalien comme lui, qui fut pour lui un véritable fils; heureux dans ses petits-enfants, dont l'un devait à son tour figurer avec tant de distinction sur les bancs et même dans une des chaires de cette école normale vers laquelle il se reportait toujours; heureux enfin dans ses vieux parents qui étaient venus s'installer auprès d'Alençon, et qu'il entoura jusqu'à la fin des attentions les plus tendres.

« La douceur et la sûreté de ses relations, les leçons particulières qu'il donnait en dehors du collége, les éducations qu'il fit ainsi et dont le nombre, si on arrivait à le supputer, serait prodigieux, lui avaient mérité dès le commencement d'honorables amitiés, auxquelles vinrent successivement s'en ajouter d'autres, solides autant que délicates, qui lui seront restées fidèles jusqu'à la mort ….et au-delà….

« Une circonstance bien oubliée aujourd'hui permit aux amis de M. Daulne de lui prouver efficacement la sincérité de leur dévouement. C'était vers 1821. Deux pamphlets assez mordants avaient été lancés contre l'Evêque de Seès, à l'occasion d'un discours prononcé dans la chapelle du collége d'Alençon. Les auteurs trouvèrent piquant de les attribuer à M. Daulne, qui n'y était absolument pour rien. — Je le lui ai entendu répéter cent fois — peut-être même de lui soutenir à lui-même qu'il en était le coupable. Trop d'esprit ! Ils occupaient des positions inamovibles; la sienne ne l'était pas. Il fut inquiété, sérieusement menacé. Quelques personnes peuvent encore se rappeler l'émotion, l'inquiétude véritables qui se répandirent dans la ville à ce bruit. On se demandait avec anxiété s'il resterait professeur, comme on demande des nouvelles d'un malade bien aimé. Les amis agissaient, ceux-là surtout qui ne partageaient pas toutes ses opinions. Lui seul n'agissait pas. Les amis furent de bons médecins et le cher malade fut sauvé....

« En 1830, il fut nommé bibliothécaire de la ville d'Alençon et il en remplit les fonctions pendant 40 ans, touchant le plus modeste traitement, et même ne le touchant pas toujours. On s'est plaint que quelques-uns des livres confiés à sa garde aient été trop feuilletés. Ce qu'on peut ajouter avec certitude, c'est que le bibliothécaire fut plus feuilleté que tous ses livres ensemble. Sa complaisance était inépuisable comme son savoir. On le consultait sur tout; on le dérangeait sans cesse; on lui demandait des indications, des conseils, des collaborations même, qu'il ne savait jamais refuser. Je l'ai vu s'atteler pendant des semaines entières, à des recherches ennuyeuses, pénibles, en dehors de ses goûts, pour répondre à la curiosité indiscrète ou frivole de gens qui ne lui en savaient aucun gré. »

M. de La Sicotière rappelle ensuite les services de M. Daulne comme secrétaire du premier Comité départemental institué dans l'Orne pour l'organisation de l'instruction primaire; — sa candidature à l'Assemblée Nationale, en 1848, candidature deux fois honorable, car il n'en avait pas pris l'initiative et s'il échoua, il obtint du moins une minorité imposante de 10,000 voix; heureux peut-être d'échouer, car son âme trop sensible et sa santé déjà ébranlée eussent eu trop de peine à traverser les épreuves terribles de ces temps orageux; — la part qu'il prit à la fondation de notre association des anciens élèves du collége d'Alençon; l'honneur, qui le toucha vivement, de la présidence de l'une de nos assemblées solennelles à laquelle il fut appelé par une acclamation unanime.

Revenant encore une fois sur cette bonté qui était le fonds même de M. Daulne, M. de La Sicotière dit qu'elle ne se renfermait pas dans le cercle de sa famille, de ses amis, de ses élèves. « Il aurait volontiers dit avec Fénélon : « J'aime mieux « mon pays que ma famille et le genre humain que mon pays. » Les pauvres, les faibles, les déshérités, étaient l'objet de sa sollicitude particulière, incessante. Ses sympathies pour eux ne se perdaient pas dans les nuages de la théorie. Il était charitable et bon dans ses actes, comme dans son langage, comme dans ses pensées, comme dans ses rêves. Il prodiguait sa bourse, ses consolations, ses conseils. Il est plus d'un élève à qui non-seulement il donna pour rien les leçons les plus assidues, mais à qui il avança l'argent nécessaire pour payer chez d'autres les leçons qu'il ne pouvait lui donner lui-même..... »

« Ses dernières années furent attristées par de cruelles infirmités. L'admirable dévouement des siens prolongea ses jours au-delà de toutes ses espérances. Il fut doux envers la mort comme il l'avait été envers la vie. Il la vit venir les yeux en haut. Il savait où l'on retrouve ceux que l'on a perdus et où l'on est rejoint par ceux qu'on laisse sur la terre.

« Et maintenant, Messieurs du Lycée, nous vous remettons avec confiance cette image si vivante de notre vieux maître, de notre excellent ami. Gardez-la avec honneur et respect. Il retrouvera au milieu de vous la famille universitaire, cette seconde famille qu'il aimait tant. Il continuera après sa mort l'œuvre qui remplit sa vie. Aux maîtres, aux élèves, il redira toujours avec son poète favori :

« *Discite vos virtutem ex me verumque laborem, fortunam ex aliis.*

« Apprenez de moi l'honneur et le travail, d'autres vous apprendront le bonheur..... »

« Et pourtant, si le bonheur est dans l'accomplissement du devoir, dans les services rendus, dans les joies de la famille, dans la reconnaissance publique, qui donc plus que M. Daulne approcha du bonheur ?

Après ce discours de M. de la Sicotière souvent interrompu par les témoignages sympathiques de l'auditoire et suivi d'unanimes applaudissements, M. l'Inspecteur d'Académie prend la parole en ces termes :

« Mesdames et Messieurs,

« En prenant la parole après l'éloquent et ingénieux orateur que vous venez d'entendre, je n'ai par l'intention de revenir sur un éloge qui vient de vous être présenté avec tant d'autorité, avec toute l'autorité de la conviction et du talent. M. de la Sicotière demande pour le buste de M. Daulne l'hospitalité du Lycée. Je crois être l'interprète du chef aimé de cet établissement et de ses dévoués collaborateurs en disant que nous sommes heureux de donner cette hospitalité. M. Daulne a été un des Membres les plus accomplis de cette famille universitaire à laquelle nous sommes fiers d'appartenir. En rentrant dans les murs du Lycée, M. Daulne revient dans une maison qui lui est reconnaissante de services rendus pendant plus de trente ans. L'hommage dont il est l'objet en ce jour, en présence de ses parents, de ses amis, hommage provoqué, ce qui est un honneur de plus, par l'Association des anciens élèves du Lycée, nous touche profondément. Il prouve en effet qu'il est des cœurs qui savent garder la mémoire du bien que l'Université peut accomplir et qui n'ont rien de plus précieux que d'en consacrer le témoignage. Je n'ai pas besoin d'en dire davantage, Messieurs, pour montrer que le buste de M. Daulne est assuré de trouver ici abri, protection et respect. »

M. Leprêtre, président, après avoir remercié M. l'Inspecteur de l'Académie et l'Administration du Lycée du gracieux accueil fait au buste de M. Daulne, donne la parole à M. Dreux, professeur de rhétorique au Lycée d'Alençon et vice-président de l'Association, chargé par M. Thomas Charpentier, absent, de servir d'interprète à lui et à sa famille.

M. Dreux s'exprime ainsi au nom de la famille Charpentier-Daulne.

« Je regrette, Messieurs, que des circonstances douloureuses aient empêché M. Charpentier, professeur de philosophie au lycée Louis-le-Grand, et petit-fils de M. Daulne, d'assister à cette cérémonie si touchante et si honorable pour sa famille.

Je le regrette pour vous, Messieurs, qui serez privés d'entendre une parole habile et exercée, à laquelle la reconnaissance eût inspiré quelques-uns de ces accents partis du cœur qui font la véritable éloquence; je le regrette surtout pour moi qui ne puis être qu'un froid interprète de ses sentiments et qui n'ai accepté le périlleux honneur de le remplacer auprès de vous, que dans la pensée de rendre un nouvel hommage à l'excellent homme, dont j'ai pu apprécier, pendant quelques années, les précieuses qualités du cœur et de l'esprit.

« Donc, au nom de toute la famille Charpentier-Daulne, je remercie les anciens Elèves du Collége et Lycée d'Alençon, d'avoir conçu et réalisé la pensée d'offrir à la mémoire de leur ancien professeur ce témoignage de leur estime et de leur affection; je remercie Mme Trolley, l'auteur du buste remarquable exposé a vos regards, d'avoir offert avec tant d'empressement à l'Association le concours désintéressé de son talent; car seule peut-être elle était capable de reproduire avec exactitude les traits de son vénéré maître, que la reconnaissance avait profondément gravés dans son souvenir ; je remercie M. de La Sicotière, un de ses plus brillants élèves, aujourd'hui Sénateur, de l'avoir fait revivre, pendant quelque temps, sous nos yeux, dans cette causerie charmante où il a su réunir avec tant de naturel l'esprit et le savoir et une sincère émotion; je remercie M. l'Inspecteur d'Académie et M. le Proviseur d'avoir accueilli avec tant d'empressement et de bonne grâce le buste d'un ancien fonctionnaire, et de lui avoir préparé une place d'honneur dans le parloir du Lycée; je ne dois pas vous oublier, jeunes Elèves, que vos aînés ont voulu inviter à cette réunion, pour renouer ainsi le passé à l'avenir; vous qui allez former, pour ainsi dire, le premier anneau de la chaîne d'une tradition destinée à perpétuer le souvenir de cette fête de l'amitié et de la reconnaissance. »

Après ce discours de M. Dreux, M. Leprêtre, président, déclare la séance levée à trois heures et demie.

Alençon.—E De Broise — Mai 1877.